Preisreduziertes
Mängelexemplar

Loriot's Kleine Hausbibliothek

Herzliche Glückwünsche

*Ein umweltfreundliches
Erzeugnis von*

Loriot

Diogenes

Die Erstausgabe erschien 1975
im Diogenes Verlag

Alle Rechte vorbehalten
Copyright © 1975, 1986
Diogenes Verlag AG Zürich
www.diogenes.ch
100/05/44/1
ISBN 3 257 51004 7

Zum Geleit

Mein Verleger hat Glückwünsche, auch herzliche, weder privat noch geschäftlich nötig. Aber das ist ein Einzelfall. Alle übrigen Menschen sind auf Glückwünsche angewiesen, sei es zum Geburtstag, zur Verlobung, zur Hochzeit, zum Geschäftsjubiläum, zum Jahreswechsel oder anläßlich anderer gefährlicher Wendepunkte des Lebens.

Welche entsetzlichen Folgen das Ausbleiben eines Neujahrswunsches nach sich ziehen kann, mußte ich vor zwei Jahren erleben. Ich versäumte, einem hiesigen Industriellen die übliche (vorgedruckte) Glückwunschkarte zu übersenden. Schon am 2. Januar geriet seine neue Smokinghose in die Kette des Fahrrades, und seine Gattin schenkte weiblichen Fünflingen das Leben, während die Firma, ein familieneigener Waschmittelkonzern, vollständig zusammenbrach. Neunzehntausend Arbeitslose saßen daraufhin auf der Straße und leiteten eine Entwicklung ein, die kurz darauf die ganze westliche Welt an den Rand des Ruins brachte. Das alles hätte ich mit an Sicherheit grenzender Wahrscheinlichkeit durch einen Glückwunsch verhüten können.

Natürlich mache ich mir jetzt Vorwürfe. Zu spät. Vielleicht kann ich durch die Herausgabe des vorliegenden Buches einen bescheidenen Beitrag zur Verhinderung sowohl menschlich-privater als auch weltweiter Katastrophen leisten. Es handelt sich um eine Sammlung von (zuvor an Kaninchen erprobten) Wünschen zur Jahreswende, die aber auch bei vielen anderen Gelegenheiten ihre unglaubliche Wirksamkeit bewiesen haben. Überzeugen Sie sich selbst.

Ammerland, im Frühjahr 1975

OB SIE...

...Hindernisse überwinden...

...oder unterwandern...

...ob es aufwärts...

...oder abwärts geht...

...ob Sie das Leben leichter...

...oder schwerer nehmen...

...ob Sie einen Umweg...

...oder den direkten Weg wählen...

...ob Sie sich gehenlassen...

...auf den Hund kommen...

...oder den Kopf verlieren...

Sie werden sich durchsetzen!

WIE SCHÖN, DASS SIE AB MORGEN…

… einfacher leben …

...etwas mehr auf
das Gewicht achten...

…häufiger einen Obsttag einlegen…

…und sich mehr
Bewegung machen…

…aber auch das Geistige
nicht vernachlässigen…

...sich ein dickes Fell
anschaffen...

…lieber noch Junggeselle bleiben…

… stets einen kühlen Kopf
behalten …

…dem Chef mal
gründlich die Meinung
sagen…

…und das Leben genießen!

WENN SIE AUCH NOCH ...

…weniger Parkraum
beanspruchen…

…älteren Herrschaften
beim Überqueren der
Straße behilflich
sind…

...Ihren Mitmenschen
auch mal was gönnen...

... sich gelegentlich um
die Nachbarn kümmern ...

...im Büro eine neue
Idee entwickeln...

…und in kritischen Situationen die Sache selbst in die Hand nehmen…

…dann sieht das Leben völlig anders aus!

SIE HABEN GLÜCK...

...denn es ist natürlich
sehr befriedigend,
jahraus, jahrein
an entscheidender Stelle
zu arbeiten...

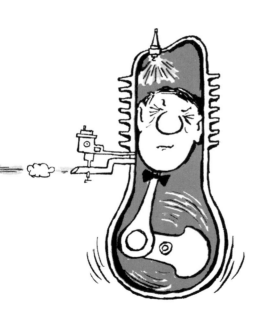

...aber eigentlich sollten
Sie sich im nächsten Jahr
erst mal ein paar Monate
richtig ausschlafen...

…dann könnten Sie sich im Frühjahr
auf viele schöne Dinge besinnen,
die Sie immer vernachlässigt haben…

...und auch mal Ihren
Körper zu seinem
Recht kommen lassen...

…bis Sie überhaupt nicht mehr
an die Firma denken…

…und ein ganz neuer
Mensch geworden sind.

HERZLICHEN GLÜCKWUNSCH!

Wenn Sie das vorliegende Buch ungern gelesen haben, werden Ihnen diese auch nicht so recht gefallen.

Loriot's
Kleine Hausbibliothek
im Diogenes Verlag

Noch nie war Schenken so einfach:
Alle Bände im handlichen Geschenkbuchformat

»Dieser Künstler gehört so selbstverständlich zum heiteren leib-seelischen Haushalt unserer Nation, daß man sich kaum klarmacht, was für ein Wunder er ist.«
Joachim Kaiser/Focus, München

Auf den Hund gekommen
38 lieblose Zeichnungen. Eingeleitet von Wolfgang Hildesheimer

Der gute Ton
Das Handbuch feiner Lebensart in Wort und Bild

Der Weg zum Erfolg
Ein erschöpfender Ratgeber in Wort und Bild

Wahre Geschichten
erlogen von Loriot

Für den Fall …
Der neuzeitliche Helfer in schwierigen Lebenslagen in Wort und Bild

Umgang mit Tieren
Das einzige Nachschlagewerk seiner Art

Nimm's leicht!
Eine ebenso ernsthafte wie nützliche Betrachtung in Wort und Bild

Der gute Geschmack
Erlesene Rezepte für Küche und Karriere

Neue Lebenskunst
in Wort und Bild

Menschen, die man nicht vergißt
Achtzehn beispielhafte Bildergeschichten

Herzliche Glückwünsche
Ein umweltfreundliches Erzeugnis

Szenen einer Ehe
in Wort und Bild

Loriot
Sehr verehrte Damen und Herren…

Bewegende Worte zu freudigen Ereignissen,
Kindern, Hunden, weißen Mäusen, Vögeln, Freunden,
Prominenten und so weiter

Herausgegeben von Daniel Keel

Warum hat Goethe am 7. September 1786 in Wolfratshausen gefrühstückt? Welches ist die größte Zeitung? Wohin fliegen die Zugvögel? Was verbindet Möpse und Menschen, Kultur und Champagner, Fußball und Politik? Passen Männer und Frauen zusammen, wer hält die Damenrede, und was ist Film?
Mit solchen und anderen zentralen Fragen setzt sich Loriot in diesen versammelten Texten auseinander – und wovon er auch immer schreibt, stets unterhält er seine Leser mit unerwarteten Wendungen, brillant geschliffener Sprache und verblüffenden moralischen Ein- und Aussichten.

»Scheinbar leichter Hand, in Wahrheit aber in verzweifelter Anstrengung gewinnt Loriot der Welt das Komische ab und beweist damit sich und uns, daß sie vielleicht nicht vollkommen sinnlos ist.«
Patrick Süskind

»Loriot ist der Größte. Wenn nicht der einzige.«
Benjamin Henrichs / Die Zeit, Hamburg

Sempé
im Diogenes Verlag

Jean-Jacques Sempé wurde am 17. August 1932 in Bordeaux geboren. Mit 19 fand er zu seinem Beruf, Zeichner, obschon er damit auf Traumberufe wie Jazzmusiker, Dirigent oder Fußballspieler verzichten mußte. Seine Zeichnungen erschienen in vielen Zeitschriften. Er lebt seit langem in Paris. Unumgänglich ist es, zusammen mit Sempé Namen wie René Goscinny, Patrick Modiano und Patrick Süskind zu erwähnen. Ohne sie wären Figuren wie die kleine Tänzerin Catherine, Herr Sommer und vor allem der kleine Nick undenkbar.

»Als einfühlsamer Menschenbeobachter zeigt er ironisch-melancholisch die Mißverhältnisse von Mensch und übertechnisierter Hochhaus- und Autokultur auf, macht die Gegensätze des friedlichen Bürgers und des bedrohlichen Großstadtrummels, das kleine Glück des Einzelnen und das konsumdiktierte der Gesellschaft sichtbar. Er zeichnet die großen Sehnsüchte, aber auch die Schwächen der Menschen und ihre eingeengten Möglichkeiten. Sein Humor entsteht meist aus dem Zusammenprall zwischen einer unpersönlichen Konsumwelt und dem von ihr erfaßten Einzelnen. Diese bewegt graziösen, zugleich distanzierten Bilder erteilen keine Botschaft, predigen keine Moral, sondern bringen den Betrachter zum Schmunzeln und stimmen ihn nachdenklich.« *Mirjam Morad/Wiener Zeitung*

Carlino Caramel
Aus dem Französischen von Anna Cramer-Klett

Fenster
Mit einer Einführung von Claus Heinrich Meyer

Unergründliche Geheimnisse
Deutsch von Patrick Süskind

Das Geheimnis des Fahrradhändlers
Deutsch von Patrick Süskind

Traumtänzer
Deutsch von Anna Cramer-Klett und Jürgen König

Schöne Aussichten
Deutsch von Anna Cramer-Klett

Sempé's Paris

Sempé's Musiker
Veränderte und stark erweiterte Neuausgabe

Heiter bis wolkig
Deutsch von Anna Cramer-Klett

Patrick Süskind & Sempé
Die Geschichte von Herrn Sommer
Mit Bildern von Sempé

Sempé illustrierte außerdem sämtliche Nick-Geschichten von Goscinny, dem Asterix-Autor:

Der kleine Nick

Der kleine Nick und seine Bande

Der kleine Nick und die Schule

Der kleine Nick und die Ferien

Der kleine Nick und die Mädchen
Alle übersetzt von Hans-Georg Lenzen